OVNIS MÁS ALLÁ DE LA ESCENA
DISPERSANDO LA NIEBLA DE LA SOSPECHA

MANUEL BÁSICO PARA ESTUDIANTES
DE UFOLOGÍA Y EXOPOLÍTICA

Gerard Aartsen

Titulo original: *Before Disclosure - Dispelling the Fog of Speculation*
A Primer for Students of Ufology and Exopolitics
Primera edición inglés, octubre 2016.

Copyright © 2016, 2019 Gerard Aartsen, Amsterdam, los Países Bajos.

Traducción al español por Gloria Inés Colombo
está basada en la edición revisada de abril 2017.

The moral right of the author has been asserted.

Créditos fotográficos:
Página 18: Pablo Dessy. Página 21: Alberto Perego. Página 34: Vladimir Voychuk. Página 35: Iyaxin.com.

ISBN-13/EAN-13: 978-90-815495-9-2

Publicado por BGA Publications, Amsterdam, los Países Bajos, 2019
www.bgapublications.nl

*Fotografía de cubierta: Un OVNI dorado y luminoso aparece en la fotografía de una aurora boreal. La fotografía es de Ingrid Kristin Johnson Lanan, en Andoya, Noruega, tomada el 22 de octubre 2015. Según lo informado por Benjamin Creme (revista **Share Internacional**, diciembre 2015) se trata de una nave espacial que por lo general trabaja bajo tierra en la Tierra.*

Contenido

iv

Introducción

Mucha es la especulación en derredor de los relatos que se han venido sucediendo a partir de los '60. La respuesta de los medios hegemónicos fue entonces como ahora, la ridiculización y el menosprecio hacia los contactados retratados cada vez más, como místicos que tratan de convencer a los crédulos de alguna suerte de nueva religión. Pero cuando uno se pone a leer sus relatos, se sorprende de cuánto se asemeja la información que nos brindan al contenido implícito de la Regla de Oro, que a su vez es la noción central de todas las religiones del mundo, y la mayor aspiración de la humanidad íntegra. Tanto es así que ésta es consagrada por ejemplo, en la Declaración Universal de los Derechos Humanos como también en la aspiración actual del mundo en relación a la crisis social y económica que enfrenta la humanidad, e incluso en los últimos vislumbres de la ciencia.

En tanto que los intereses de las corporaciones intentan controlar a los gobiernos y sus políticas para asegurarse su dominio y riqueza, que se hable, divulgue y revele la presencia de los hermanos del espacio es algo así como una acción sospechosa de una agenda oculta que los obliga a armar una campaña de ensombrecimiento sobre los hechos.

Como resultado de esta amplia desinformación, por estos días los investigadores de OVNIs y sus seguidores no sólo enfrentan el ridículo entre el público en general y los medios masivos hegemónicos sino que también han de lidiar con la sospecha respecto de la presencia extraterrestre dentro de sus propias filas.

Así las cosas, los capítulos de este volumen intentan ayudar al lector a distinguir entre hechos corroborados y especulación, así como también a desechar la necesidad que muchos tienen de encontrar un 'salvador', o un 'chivo expiatorio' cualquiera sea el caso, para resolver o rectificar la grave situación mundial de la que sólo nosotros somos responsables y por lo tanto los únicos habilitados para ajustarla.

Esta edición en español está muy agradecida dedicada a
Gloria Inés Colombo.

Acerca del autor

Gerard Aartsen (1957) es un escritor, orador, investigador y pedagogo de Ámsterdam, los Países Bajos. Obtuvo su Maestría en Educación en la Universidad de Ámsterdam de Ciencias Aplicadas donde trabaja como profesor en el departamento de educación secundaria desde 2001. Ha sido un estudiante de por vida de la Sabiduría Eterna y es el autor de diversos libros con la presencia extraterrestre. Sus libros han sido publicados en diversos idiomas y sus artículos han aparecido en revistas de todo mundo. Suele ser entrevistado en relación a los OVNIs y temas similares en radio shows y ha dado conferencias en Estados Unidos, en Europa y en Asia.

Para más información: www.bgapublications.nl.

1. Descifrando los hechos tras la desinformación

Antes de que en la década del 50 los contactados empezaran a escribir y a hablar sobre sus experiencias, el mundo moderno no estaba al tanto de la presencia de los viajeros del espacio y de sus verdaderas intenciones, pero hoy hay un crecimiento exponencial de la especulación en el terreno de la Ufología. Año tras año las naves hacen sentir su presencia cada vez más. Sin embargo los investigadores insisten en negarse a dar información y nosotros seguimos permitiendo que nuestra percepción sea oscurecida por la desinformación que pretende desacreditarlos. No esperemos más y convengamos de una vez por todas en que el elefante está en la habitación.

Tomemos por ejemplo la historia que recientemente ha estado dando vueltas en internet (¡otra vez!) de que por lo menos cuatro "de 82 especies alienígenas están peleando por obtener el control de la Tierra"[1], información basada en videos que supuestamente, exhiben los hallazgos de los 'investigadores'.

Cualquiera con un mínimo conocimiento respecto de la historia sobre la presencia extraterrestre en la Tierra, dudaría de inmediato de por qué habrían de demorarse tanto en 'tomar el control' dado que aparentemente poseen –por lo menos– la tecnología para cubrir distancias siderales de modo de llegarse hasta aquí, y que –basados en antiguos registros de su presencia– han estado viniendo por siglos si no por milenios. Como así también basándonos en el hecho de que la mayoría de la gente no parece tomarse en serio su presencia, podríamos compartir el asombro de Carl Sagan: "¿Por qué otros no se dieron cuenta?"[2]

Además si retrocedemos hasta la avalancha de contactos que inauguraron la era moderna de la Ufología no bien iniciados los '50, el hecho relevante es que ninguno de aquellos contactados (de los no contaminados por la campaña de desinformación), sólo tuvieron experiencias positivas para compartir. En el contexto histórico de finales

1

de la 2da Guerra Mundial, con la amenaza de una guerra nuclear, el mensaje que les pidieron que divulgasen era uno de empoderamiento de la raza humana. Que debíamos evitar otro conflicto para prevenirnos de la aniquilación animándonos a consolidar un futuro de paz a través de la cooperación internacional. Este futuro de paz debía necesariamente asegurar que nadie quedase sin sus necesidades básicas satisfechas como expresión de la unicidad de la humanidad.

Comprometida en una carrera nuclear y armamentista con la Unión Soviética –el complejo industrial-militar occidental que incluye la industria petrolera– sintió que este mensaje carecía de interés. Tanto es así que pese al esfuerzo de los gobiernos y sus fuerzas armadas que precisaban del apoyo popular y público para su pensamiento bélico y la carrera armamentista a mediados de la década del 1950 y pese a los titulares que cubrieron uno o dos platillos voladores estrellados, los mensajes de los contactados en pro de la paz y la hermandad, eran bien recibidos. Una indicación de su popularidad puede encontrarse en el hecho de que a tres años de la publicación de *Atterizaje de Platillos Voladores* (1953) el libro que incluía la experiencia inicial de George Adamski como contactado, debió reimprimirse doce veces en los EE UU y se publicó en siete idiomas diferentes.

Debido a la inutilidad de los esfuerzos por sobornar a estos heraldos de un mejor modo de vida mediante la intimidación o el dinero, se optó por desacreditarlos. Por desprestigiar tanto a sus personas como a sus experiencias, para lo cual se reclutó a productores cinematográficos y de otros medios con el propósito de de sembrar confusión en el público con personajes como los de *Invasores de Marte* (1953), *La Tierra contra los Platillos Voladores* (1956), *La Invasión de los hombres de los platos voladores* (1957), etcétera. El esfuerzo fue tan obvio que la revista *Flying Saucer Review* publicó una 'Editorial Especial" en su número de marzo/abril de 1959 diciendo: "Repudiamos esta idea de condicionar la opinión pública mundial con películas y recursos varios para que la gente tema a las naves espaciales".[3]

Entretanto agencias secretas del gobiernos se dispusieron a montar experiencias terroríficas (tales como "abducciones militares" o MILABS, mutilaciones de ganado, etcétecera) con el propósito de infundir temor hacia la gente del espacio.[4] Resulta llamativo que los primeros casos de supuestos casos de 'abducción' que involucró a la pareja de Betty y Barney Hill ocurriese en 1961. ¿Por qué habrían 'ellos' de esperar hasta entonces, a que se introdujese la noción de la 'amenaza alienígena' en la percepción pública, para proceder a la supuesta "abducción"?

A la luz de lo anterior, deberíamos ser muy cuidadosos antes de aceptar cualquier información relacionada con los visitantes del espacio o en relación a la tecnología que nos llega via 'infiltrados del gobierno' o 'denunciantes' que pudieran o no ser parte involucrada en laboratorios secretos, por el simple hecho de que no podemos estar nunca seguros de si su información fue deliberadamente 'plantada' para alimentar o aumentar el temor público y la confusión.

Muchos de los afirmaciones sobre 'programas espaciales secretos' por ejemplo, y el proceder de los denunciantes, parecen sustentarse en dichos del fallecido ingeniero Ben Rich de Lockheed Skunk Works: "Ahora tenemos la tecnología apta para traer a ET a casa." Sin embargo el historiador de la aviación Peter Merlin, que estuvo presente en muchas de sus charlas, explica que esta afirmación fue un malentendido a partir de un eslógan muy exitoso que el Sr. Rich empleaba para cerrar sus charlas desde 1983: "A Skunk Works se le ha asignado la tarea de traer a [personaje de película] E.T. de vuelta a casa".[5]

Dadas estas circunstancias, no es posible exigir una precisión mayor sobre esos supuestos "programas espaciales secretos" que presuponen el poder de una elite de la humanidad para merodear el sistema solar con la ayuda de "aliados de fuera del mundo". Éstas 'noticias' sólo son corroboradas por 'buchones' cuyos antecedentes son igualmente oscuros y cuyas fuentes también son poco claras y resistentes a la indagación. Por otro lado, ¿alguien escuchó algo acerca de "programas espaciales secretos" antes que Ronald Reagan concibiese la Iniciativa de Defensa Estratégica de 1983, o aún antes que los gobiernos de ficción del mundo decidiesen cooperar con el sistema de defensa planetaria al estilo de la taquillera película *El día*

Corroboración a través de disciplinas

EJEMPLO 1: LAS INTENCIONES DE LOS VISITANTES DEL ESPACIO

"Si [en relación a las bases de armas nucleares] quisiesen destruirlas, lo habrían hecho con todo el poder que tienen. Así que personalmente no creo que sus intenciones sean hostiles."
—Robert Salas, Capitán de las Fuerzas Aéreas retirado (2010)

"Es una absoluta tontería decir que llevarían adelante experimentaciones genéticas o sexuales sobre gente de este planeta [la gente del espacio] cuando tienen una tecnología que está miles de años adelantada respecto de cualquier cosa que pudiésemos pensar hoy."
—Benjamin Creme, esoterista (2010)

"No abducen gente. Este fenómeno que tiene tanta repercusión en los libros sobre Ovnis, no se les puede ser atribuida."
—Bruno Sammaciccia, contactado (2009)

"Es bastante obvio que si [la presencia ET] hubiese sido hostil, ya habríamos desaparecido (...) No tendríamos defensa, si ese fuese su propósito."
—Edgar Mitchell, astronauta (2008)

"¿Por qué seres que están tan avanzados en física y en ingeniaría —que cruzan distancias siderales— habrían de estar tan poco aventajados en biología?"
—Carl Sagan, astrónomo (1993)

"Todos sabemos que el poder con el que [la gente del espacio] ha hecho tapping nuestras bombas más poderosas parecerían petardos de carnaval. ¿No alcanza esto para saldar todas las cuestiones respecto de una supuesta hostilidad?"
—George Adamski, contactado (1957)

de la Independencia de 1996?

En contraposición tenemos la seguridad –otra vez por via de los primeros contactados– de que los visitantes nos brindarían con todo gusto su conocimiento (acerca de cómo vencer la gravedad) ese que les ha sido de tanta utilidad, sólo que nosotros todavía no hemos aprendido a vivir en paz entre nosotros como hermanos como sí lo hacen en otros mundos. "Si nosotros les revelásemos ese poder a ustedes o a cualquier otro terráqueo y el conocimiento se hiciera público, alguno de ustedes rápidamente se embarcaría en una nave espacial y cargando armas consigo irían en un festival de tiros pretendiendo conquistar y tomar posesión de otros mundos."[6] Deberíamos preguntarnos entonces: si nuestros pacíficos visitantes se tomasen el trabajo de explicarnos, ¿por qué no habrían de compartir su tecnología con nosotros, y por qué no nos advertirían sobre sus rivales del espacio, si tal amenaza existiera en realidad?

No hay duda alguna que el poder alemán-nazi, ha estado trabajando en secreto para desarrollar una tecnología espacial secreta. De todos modos ningún país fue capaz hasta el momento de desarrollar ninguna tecnología que nos lograse llevar más allá de la luna. Desmond Leslie, olvidado ya como el primero en ofrecer un pantallazo sobre la historia de las visitas extraterrestres, en una parte de su libro *Aterizaje de Platillos Voladores*, nos regaló un argumento de lo más convincente al respecto. Sutilmente destacó que "la única objeción a la teoría 'del poder alienígena (enemigo)' es que estos platillos han estado volando sobre la tierra (tanto de amigos como de enemigos) por demasiado tiempo. Los investigadores han demostrado que aparecieron en gran número y fueron vistos por eminentes astrónomos años antes de que los hermanos Wright hiciesen su primera aparición exitosa. Cualquier poder terráqueo que hubiese tenido semejante poder en sus manos debió ser de naturaleza muy pacífica, puesto que podría haberse hecho dueño del mundo entero cuando le viniese en ganas."[7] Es evidente que a medida que los recursos naturales se van haciendo escasos, estos argumentos se aplican a la actualidad mucho más que en 1955.

En el 2008 el fallecido astronauta de la Apolo 14, Dr. Edgar

Mitchell dijo de sí mismo: "Tuve el privilegio de saber que hemos sido visitados en este planeta", y no sólo eso, sino que en una entrevista afirmó: "Tengo la sospecha de que en los últimos 60 años o más ha habido una reingeniería (...) pero ni se acerca a la sofisticación de la que aparentemente los visitantes dominan".[8] Podemos ver entonces cómo las afirmaciones de supuestos 'programas espaciales secretos' son el resultado de especulaciones fuera de órbita – jugarretas de la imaginación, más que 'de la civilización' como algunos gustan en pensar. Para aquéllos que quieren armarse contra el miedo infeccioso inspirado por la narrativa esperamos que las consideraciones que anteceden puedan mostrar al lector *cómo* pensar, y no *qué* pensar.

Debe quedar en claro que las supuestas atrocidades que muchos adscriben a 'alienígenas' penetraron el discurso vinculado a los contactos extraterrestres poco después que se iniciara una campaña incendiaria de confusión y temor hacia los visitantes espaciales. Tampoco habíamos escuchado nada sobre los 'avianos azules'[9] hasta que apareció el film *Avatar* (2009) y alcanzase un éxito de taquilla. La campaña de desinformación no sólo causó estragos en la confianza pública respecto de la historia 'oficial', sino que además perforó la confianza en sus facultades críticas, de modo tal que ahora se ven conspiraciones donde no las hay o se pierde perspectiva de realidad. Tanto es así que los alarmistas y los fantasiosos parecen ahora superar en número a aquéllos que hacen un esfuerzo genuino por separar los hechos de la ficción. Es tiempo entonces de volver a la lógica y al sentido común.

Muchos coincidirán que la 'verdad' es una cuestión de percepción, pero la percepción de una persona depende mucho de su estadio de evolución consciente. Por ejemplo, cuando Carl Sagan afirmó en su famosa serie televisiva *Cosmos*: "Estamos hechos de polvo de estrellas. Somos el modo que tiene el cosmos de conocerse a sí mismo", eso que dijo no era distinto a lo que dijo Jesús al afirmar: "Yo y el Padre somos Uno" identificando su conciencia con la fuente de toda conciencia.

A su vez, tampoco difiere de lo que George Adamski dijese cuando en 1958 escribió: "[El ser humano debe] comprender que él es uno con **toda la creación.** Debe entender que los átomos que vibran en su cuerpo actual han sido empleados y reempleados a lo largo de toda la creación; y que por lo tanto han participado de cada fase, desde la forma más primitiva capaz de ser concebida, como así también de los inmensos cuerpos planetarios que han sido absorbidos desde antiguo en el espacio. ¡No hay más divisiones que aquéllas que el propio ser humano se ha impuesto sobre sí mismo!"[10]

Vemos entonces cómo afirmaciones como las de Carl Sagan, que fueran expresadas más prosaicamente por George Adamski a quien muchos podrían considerar como un lego en la materia, no son más que otra forma de expresar lo que otros verían como parte de la religión cristiana. Por lo tanto, así como la 'verdad' puede diferir de una persona a la otra, dependiendo del grado de evolución, si una experiencia tiene un valor universal habrá de ser reconocida y confirmada desde diferentes perspectivas, independientemente del ámbito de preocupación de la persona que la exprese. Llamamos a eso corroboración multidisciplinaria –ciencia y religión en este caso, expresando la misma verdad desde sus respectivas experiencias acerca de la realidad.

Según Benjamin Creme, cuya obra es considerada por muchos como la del último expositor de las enseñanzas de la Sabiduría Eterna: "Dios es una experiencia a ser expresada. Expandimos nuestra conciencia para percatarnos. Todo tiene que ver con la percatación."[11] En la misma línea, Peter Harrison, Director del Instituto de Estudios Avanzados en Humanidades de la Universidad de Queensland en Australia, recientemente afirmó que "el punto de partida tanto para la ciencia como la religión es alguna forma de experiencia, y el punto está en obtener sentido de esa experiencia".[12]

Pero debido a que los secretismos y los titulares mediáticos han generado innumerables conjeturas con relación a la naturaleza de la presencia extraterrestre sobre la Tierra, aún entre aquéllos que se consideran a sí mismo investigadores, precisamos establecer un modo de asegurarnos respecto de qué información, qué hechos, y qué experiencias merecen nuestra atención, y cuáles podemos descartar sin más. Sabiendo que la campaña desinformativa tenía como objetivo destruir la reputación de los primeros contactados de modo que nunca más pudiesen ser tomados en serio, sus relatos informativos nos proporcionan un sólido punto de partida, especialmente porque todos ellos nos muestran llamativas similitudes. Algunos de sus informes se confirman no sólo con contactados de otras partes del mundo en ese momento, sino también con los reportes de experiencias similares en otras épocas. Estas correspondencias que yo mismo he documentado extensamente en mis libros, incluyen: respeto por nuestro libre albedrío y nuestro derecho a la autodeterminación como especie. Y no sólo eso, sino que conciernen además al modo de organización social elegido en derredor de la idea de competir encarnizadamente por la supervivencia.

Claro que también hay contradicciones o dicotomías en los reportes de los contactados, pero éstas nunca se relacionan con las intenciones de los visitantes del espacio y bien pueden deberse a motivos vinculados con el nivel de percepción de cada uno, falta de comprensión, distorsión de la información recibida debido a alguna de las razones previas o a condicionamientos personales, como también el deseo de fabular o temor al ridículo, todo ello por parte de los contactados. Tales discrepancias sin embargo, son debidas a motivos como éstos de mucha menor importancia que aquéllos y se sostienen entre sí además de confirmar los principios de la sabiduría tradicional compartidos.

Como expliqué ya en *Prioridades para un Planeta en Transición*, podemos deducir un conjunto valioso de criterios tanto históricos como sociales, políticos y espirituales, observando las correspondencias existentes respecto de características esenciales y sintetizando nuestros hallazgos. Estos serán de utilidad como piedras de toque para el análisis de cualquier objeción atinente a la presencia extraterrestre. O sea: si estuviésemos siendo visitados por extraterrestres buenos y malos...

• no hay motivo para suponer que sólo viniesen los de un grupo

durante el tiempo de los primeros contactados;
* no hay razón para que no surgiesen informaciones de contactados por extraterrestres maléficos por parte de dignatarios y funcionarios, muchos de los cuales han tenido contacto con visitantes benévolos;
* habríamos tenido mensajes opuestos a los recibidos que promueven la cooperación internacional, la justicia, la paz. Nos habrían ofrecido tecnología destructiva a través de algunos de los contactados al principio;
* habríamos recibido información y enseñanzas que coinciden o confirman las enseñanzas básicas de la sabiduría primordial respecto del compartir, y también las que se oponen a ellas.

Si ahora aplicásemos estos criterios a las numerosas demandas por 'abducción', pronto veremos que no se sostienen frente a nuestros criterios, ni tampoco frente a la lógica. Ya que si la abducción fuese un fenómeno auténtico, ¿no habría habido alguno de los primeros contactados en la década de 1950 con alguna historia para exponer? Del mismo modo ¿no habría habido algún funcionario entre los que han relatado sus experiencias con gente del espacio para decir que han sido abducidos?

Todo esto no tiene como fin negar la experiencia de nadie. Como indicase en la explicación del método de investigación que yo he empleado para mi trabajo, hay por lo menos cuatro explicaciones posibles para esas experiencias de 'abducción': (1) Cuando la gente elige el término –abducción– para definir una experiencia de contacto consensuada, aun si la extrañeza del recuerdo induce sentimientos de temor (por ejemplo Travis Walton no se refiere más a su experiencia como a una de 'abducción' sino como al "llamado de una ambulancia")[13]; (2) cuando funcionarios de agencias secretas militares o gubernamentales montan una experiencia hipnótica o inducida por drogas con la intención de confundir o llevar mal camino las ideas del público en relación a la verdadera naturaleza de la presencia extraterrestre; cuando personas sensibles (3) tienen una imaginación proactiva; o (4) cuando se sintonizan con la forma mental del sujeto, de modo que termina con la convicción de que les ha sucedido, así como los sueños son reales cuando estás soñando.[14]

O sea que para decidir si podemos confiar en determinada información más allá de la experiencia subjetiva, sólo precisamos verificar si se confirma desde distintas perspectivas, o por lo menos más de una. Tenemos que ver si se sostiene con experiencias de otra gente a través del tiempo, a través de otras disciplinas u otros estratos sociales. Esto es de la mayor importancia cuando se trata de Ufología, ya que es imposible mostrar evidencias palpables en tanto no se revelen abiertamente. Después de todo, como resultado de la campaña de desinformación que ha durado décadas, aun la 'revelación' por parte de gobiernos o agencias vinculadas a ellos resultaría dudosa simplemente porque dependen del apoyo público a sus agendas (geo)políticas.

Los lectores comprobarán que nuestro modo de encarar el tema no es buscando confirmación a un conjunto de creencias para desechar contradicciones, sino más bien una herramienta para eliminar desinformación, información tergiversada, y la divagación. En este sentido, la corroboración que procede de las enseñanzas religiosas es tan valiosa como la que procede de las científicas.

Vale recordar que realizar un abordaje científico no implica ateísmo. Para un buen juicio, el ateísmo del biólogo evolutivo Richard Dawkins es en sí mismo una creencia no menos fundamentalista que aquélla que entiende que la Biblia es la palabra de Dios mismo, y no una colección de 66 libros que completan los dos Testamentos escritos por varios profetas, sacerdotes y escribas o sus seguidores a través de varias generaciones. Es precisamente este tipo de pensamiento extremista y rígido el que invariablemente lleva al conflicto, ya sea en el campo de la religión, de la ciencia, o de la política y la economía y que tiene inevitablemente, como sus máximas víctimas a la tolerancia, el respeto y las correctas relaciones humanas.

Quienquiera que se aproxime al estudio de la sabiduría tradicional encontrará que la esencia de las religiones o sea, las enseñanzas primordiales sin el dogmatismo subsecuente que los que interpretan las escrituras (sacerdotes) permitieron acumular a su alrededor – comparte una serie de puntos claves: (a) la cíclica revelación en derredor del regreso de un Maestro al principio o al final de una era cósmica (b) el origen y la evolución de la conciencia que precisa ser expresada por (c) una vida en conformidad con la Regla de Oro para establecer correctas relaciones humanas.

Mucha gente encuentra cómodo rechazar la religión debido a la rigidez de los dogmas que los últimos intérpretes han hecho sobre la enseñanza original exigiendo para su interpretación, el alcance de una directiva divina e inamovible. Pero este repudio es también a su vez rígido y estrecho y ridiculiza los relatos originales de los contactados, en favor del poder. Sin embargo, una mirada imparcial tanto a las enseñanzas originales como a las primeras informaciones de contactos con extraterrestres, muestran que son pistas a seguir en relación a las relaciones humanas, basadas en la ampliación de la conciencia.

Por cierto, cualquiera que haya leído los relatos de los primeros contactados sabrá, que los visitantes del espacio –aun cuando sus consejos y enseñanzas pudieran aparecer embozadas en clave religiosa con la que estos contactados estaban familiarizados– nada tenían que ver con religión en el sentido de 'delegar responsabilidad' a una autoridad externa. Muy por el contrario, instaban a la humanidad a ser responsable de los desastres en nuestro mundo y a tomar sobre sí el imperativo de corregirlos, tal como se ve extensamente documentado en *Prioridades para un Planeta en Transición*.

Luego, al tratar con esa especulación arrebatada, sin orden, como por ejemplo la que lleva a afirmar que los asuntos religiosos pudieran ser elementos de manipulación por los visitantes del espacio, no sólo no estamos contribuyendo en pos de la claridad, sino meramente embarrando la cancha con un tipo de temor menos obvio. Y precisamente el temor y la ignorancia han sido quienes guiaran a la humanidad lejos de la esencia de la Sabiduría Eterna, en pos de los extremismos dogmáticos que han creado las peligrosas divisiones que se observan en el presente.

La definición de ciencia que el contacto de Daniel Fry le diera durante su encuentro en julio de 1950, ofrece un atractivo puente entre nuestra forma usual de comprender la ciencia y la religión: "búsqueda de la verdad, ordenada e inteligentemente dirigida", dividida en tres ramas principales: (1) La ciencia física o material que se ocupa de las relaciones entre el ser humano y su entorno físico; (2) las ciencias sociales, que tratan de las relaciones del individuo con sus semejantes, y (3) las ciencias espirituales que operan sobre las relaciones "entre el sujeto y el inmenso poder creador que con infinita inteligencia impregna la naturaleza y la controla".[15]

Que este 'puente' no es un pensamiento ilusorio de mi parte, lo confirma un comentario hecho por el profesor en física Stephen M. Barr de la Universidad de Delaware, EE UU, quien en el año 2012 escribió que si nosotros "aceptásemos la comprensión más tradicional de la mecánica cuántica que nos lleva tan atrás como a Von Neumann [mediados del siglo XX; N.T.], y uno se dejara guiar por su lógica, llegaría a la conclusión de que no todo es simplemente materia en movimiento; y en particular, que hay algo referido a la mente humana que trasciende la materia y sus leyes. Recién entonces se vuelve posible tomarse en serio ciertas cuestiones que el materialismo no admite: Si la mente humana trasciende la materia hasta cierto grado, ¿no podría ser entonces que existan mentes que trasciendan la totalidad del universo físico? Y de ser así, entonces ¿no sería posible que existiese una Mente fundamental?"[16]

El profesor Barr está lejos de ser el único científico que ha llegado a esta idea o similares acerca de la esencia última de la Realidad. Por añadidura, como lo explica el contacto espacial de Daniel Fry: "Independientemente de dónde y cuándo surja el individuo humano (...) éste está dotado del conocimiento innato de que hay una inteligencia infinita así como un supremo poder que están más allá de su comprensión. Durante las diferentes etapas de su desarrollo la actitud del ser humano individual hacia este poder fluye del temor y el resentimiento, al respeto y el amor. Pero siempre ha albergado el deseo instintivo de aprender algo más del lado espiritual de su naturaleza y de la naturaleza creativa de este poder."[17]

Uno de los contactos de George Adamski discurrió: "Nosotros

que venimos de otros mundos y hemos estado conviviendo con ustedes, inadvertidos, podemos ver claramente cuánto se han distanciado del origen Divino. Las gentes de la Tierra se han trocado en entidades separadas y han dejado de ser verdaderamente humanas tal como lo fuesen en un principio. Ahora son esclavas de la costumbre. No obstante, aprisionada entre estos hábitos yace el alma que procura expresarse de acuerdo con su Divina herencia (...) Hasta que el hombre pueda desprenderse de los grilletes de su arrogancia y hasta que no admita que hay una voz que lo guía, continuará viviendo como un guerrero contra las leyes de sus propio ser."[18]

Como ya lo mostrásemos en *Prioridades para un Planeta en Transición*, los relatos de los primeros contactados de la nueva era de los OVNIs están hasta el tope con advertencias, consejos e información de cómo crear un mundo nuevo que asegure la supervivenica de la raza humana y logre un progreso saludable para su civilización. En ese libro, basado en el cuerpo de evidencias y su pertinencia en relación al estado de cosas de hoy día, sugerí una definición más práctica del término 'exopolítica' que remite al significado original de sus partes constitutivas: 'exo' por "fuera" y 'política' significando "asuntos que conciernen a la situación de los ciudadanos":

Exopolítica – *Gente de otros planetas mostrando a la humanidad modos alternativos de organizar la sociedad sin imponer sus opiniones.*

Como los hechos que podemos identificar claramente mirando la historia de los últimos contactos extraterrestres son pasados por alto, no resulta extraño que los seis hombres ciegos que intentaran identificar un elefante palpando algún sector de su cuerpo sea una alegoría de lo más apta para definir la situación de la investigación OVNI y la presencia extraterrestre.

No obstante, en un entorno gobernado por el secretismo y la desinformación debemos abordar el propósito de la visita extraterrestre con ojos bien abiertos a la escena global, al tiempo que debemos mantener una actitud crítica hacia todo anuncio de contacto o de todo conocimiento procedente de ese contacto, que haya surgido desde los comienzos de la campaña desinformativa.

La única manera es aceptando la existencia de muchas similitudes en los relatos de los primeros contactados en el amplio contexto de la experiencia humana y tomando estos como la piedra angular y referentes contra cualquier alegato desde el miedo, el temor, la confusión y la búsqueda de atención sensacionalista que ha caracterizado el ataque a las evidencias de las narrativas de los contactados desde mediados de 1950 en adelante.

Redondeando

Los hechos

- Invariablemente los contactados de 1950 que informaron haber tenido encuentros con gente del espacio se refirió a ella como a gente benevolente que les señaló los peligros que se derivan de la desigualdad socio económica en un mundo dividido con armas nucleares en la punta de los dedos. Les fue señalada también la necesidad de la cooperación internacional para resolver los problemas de nuestra supervivencia y el progreso de nuestra civilización.
- La idea de visitantes de otros planetas y los mensajes positivos procedentes de contactados como George Adamski, Daniel Fry, Buck Nelson, Howard Menger y muchos otros gatilló el interés masivo de un público hastiado de la guerra viviendo permanentemente bajo la amenaza de una aniquilación masiva.
- Debido al enfrentamiento ideológico entre Oriente y Occidente durante la época de la Guerra Fría, los poderes existentes se disputaban el respaldo público y comenzaron una campaña de descrédito en relación a las experiencias difundidas por los contactados ridiculizando su información y el carácter de la misma.
- Cuanto mayor sea el número de aquéllos entre cuyas experiencias sean comparadas, y mayor las diferencias sociales, académicas y religiosas, más confiables han de ser las conclusiones de las investigaciones que se lleven a cabo.

Los implicaciones

- La confusión, las dudas y los temores provocados por una desinformación deliberada así como las tácticas atemorizantes tales como las 'abducciones' fingidas, abrieron las puertas a una especulación desenfrenada entre el público así como también en los investigadores de escaso criterio.

Validaciones

- La situación actual del mundo confirma la necesidad urgente de una cooperación internacional en lo económico así como justicia social y paz tal como la proponen los visitantes espaciales en los relatos de los contactados originariamente.
- La superioridad ética y moral de los visitantes ya fue reconocida en las declaraciones

14

de las más altas aspiraciones humanas tales como las Declaración Universal de los Derechos Humanos y las conclusiones y recomendaciones publicados en los informes de 1981 por el Comisión Internacional sobre Problemas Internacionales del Desarrollo *Dialogo Norte-Sur: Informe de la Comisión Brandt.*

- La información acerca de las buenas intenciones de los visitantes del espacio brindada por los primeros contactados se ve corroborada en los informes de los últimos contactados en todo el mundo, tanto como en los informes de los funcionarios y dignatarios.
- La noción de Hermandad destacada por los primeros contactados se encuentra también en la Regla de Oro, que se halla en el corazón de todas las religiones de la Tierra, como en las enseñanzas de la Sabiduría Eterna.
- De modo creciente, tanto científicos como los seguidores de alguna religión encuentran un territorio común en el que pueden reconocer la realidad de la existencia de un poder transcendental más allá del universo observable.

Notas

1 Johnthomas Didymus (2016), 'UFO Researchers: 82 Alien Species Are Currently in Contact With Earth – And At Least Four Are Fighting For Control over Earth'. *Inquisitr* (online), el 19 de agosto. [Consulta: 24 de agosto de 2016]
2 Carl Sagan (1983), 'Are they coming for us?' Revista *Parade*, el 7 de marzo.
3 Special Editorial, 'Why This Horror From Space Trend?'. *Flying Saucer Review*, Vol.5, No.2, marzo-abril 1959, p.15
4 Ver por ejemplo Steven Greer (2006), 'Exopolitics or Xenopolitics' (PDF).
5 Peter R. Merlin (2013), 'Taking ET home: The birth of a modern myth'. *SUNlite*, Vol.5, No.6, noviembre-diciembre, pp.17-19. (PDF) [Consulta: 11 de septiembre de 2016]
6 George Adamski (1984), *Dentro de los Platillos Voladores*, edición inglés 1955, p.90
7 Desmond Leslie (1955), 'Astronomy and Space-Men', *Flying Saucer Review*, Vol.1, No.3, julio-agosto, p.23
8 Intrevista con Dr Edgar Mitchell en: Nick Margerrison (2008), *The Night Before*, Kerrang! Radio, RU, el 23 de julio.
9 La primera mención de 'avianos azules' aparece en el blog *Stillness in the Storm* con fecha el 2 de marzo de 2015. [Consulta: 4 de septiembre de 2016]
10 Adamski (1958), *Telepathy: The Cosmic or Universal Language*, Part II, p.26
11 Benjamin Creme (2016), 'Preguntas y respuestas'. Revista *Share Internacional*, Vol.35, No.6, julio/agosto, edición inglés p.35
12 Peter Harrison (2016), respuesta al comentario del lector sobre su ensayo 'Are Science and Religion in Conflict?' *Big Questions Online*, el 28 de junio. [Consulta: 27 de agosto de 2016]
13 'Travis Walton shares new theory on Fire in the Sky alien abduction'. Open Minds TV, el 2 de julio de 2012
14 Gerard Aartsen (2018), *Prioridades para un Planeta en Transición*, pp.172-74
15 Daniel Fry (1954), *[A Report By Alan] To Men of Earth*, en Fry (1966), *The White Sands Incident*, pp.75-76
16 Stephen M. Barr (2012), 'Does Quantum Physics Make It Easier to Believe in God?'. *Big Questions Online*, el 10 julio. [Consulta: 27 de agosto de 2016]
17 Fry (1954), op cit, pp.77-78
18 Adamski (1984), op cit, pp.116-17

2. Desenmascarando la realidad material de los OVNIs

Uno de los permanentes 'misterios' que rodean a los OVNIs es su aparente habilidad para aparecer y desaparecer a voluntad. Otra vez aquí, en las reveladoras reseñas de contactados y en la sabiduría eterna, podremos encontrar esclarecimiento, en tanto la perspicacia científica prosigue brindándonos interesantes corroboraciones.

Cuando en 1958 aparecieron las primeras mediciones de la temperatura de la superficie de Venus, George Adamski fue rápidamente ridiculizado por sus afirmaciones en el sentido de que sus contactos procedían tanto de ese como de otros planetas de nuestro sistema solar. No era el único sin embargo en sostener esas afirmaciones; el contactado brasileño Dino Kraspedon (seudónimo por Aladíno Félix), el investigador canadiense Wilbert Smith, el periodista italiano Bruno Ghibaudi y los contactados norteamericanos Howard Menger y Buck Nelson todos afirmaron de modo más o menos público que las naves espaciales y sus ocupantes procedían de nuestro sistema solar, principalmente de Marte, de Venus, de Saturno y de algunos otros.

Mientras casi nadie ha ubicado el origen de nuestros visitantes del espacio dentro de nuestro sistema solar dada la difamación hecha sobre los primeros contactados, el esoterista Benjamin Creme ha afirmado categóricamente hasta este día que: "Todos los planetas de nuestro sistema solar están habitados...", agregando que no obstante "ninguno que viajase a Marte o a Venus vería a nadie debido a que están en sus cuerpos etéricos."[1] Esto recalca lo que le fuera dicho al contactado Howard Menger en la década de 1950: "Si un terráqueo fuese allí en su cuerpo físico probablemente no vería ninguna de las formas de vida que vibran a una velocidad mayor que la suya – así como tampoco puede ver las formas espirituales que rondan el planeta. A menos que su cuerpo físico fuese procesado y acondicionado no podrá ver a los seres de otro planeta."[2] Con otras palabras George Adamski insistió en que "la gente del espacio puede ubicarse mentalmente en una frecuencia que hace que su cuerpo se torne invisible para nuestro limitado alcance visual."[3] De hecho, se le dijo que los visitantes del espacio pueden aumentar la frecuencia de un área activada de una nave hasta el punto de producir invisibilidad. "De no ser porque nosotros evitamos que ocurra, los aviones de ustedes podrían estrellarse con el nuestro sin verlo. Si nosotros permitiésemos que se aproximaran tanto, se encontrarían conque nuestra nave es tan sólida como si funcionara a una frecuencia menor."[4]

Comprender el concepto de los planos etéricos (sutiles) de la materia es fundamental en este sentido. Último exponente de la Sabiduría Eterna, Benjamin Creme dice que "a menos que uno comprenda la realidad de los niveles etéricos de energía como grados más sutiles, más finos de materia, no se comprenderá la realidad del fenómeno OVNI..."[5] El principio de naves espaciales haciéndose visibles mediante el artilugio de bajar su grado de vibración y haciéndose invisibles, volviendo a su estado original, no es difícil de entender cuando el contacto espacial del chileno Enrique Barrios le explica que: "Cuando la rueda de una bicicleta gira rápido, los rayos resultan invisibles; nosotros hacemos que las moléculas de la nave giren velozmente."[6] En un episodio del libro de Truman Bethurum *A bordo de un Platillo Volador* se aplica el mismo principio. En un momento en que Truman y su jefe Whitey están tomando un café con masas en un restorán del lugar, Tru reconoce a una mujer que él conociese como la capitana de un plato volador, con uno de los miembros de la tripulación. Su jefe no quiere que se la presente y sale a esperar afuera. Tru entonces le pide que se fije en qué dirección se van cuando salgan. True le hace unas preguntas a la mujer, que ella niega ser verdad, sin embargo más tarde la mesera le confirma que sí, que la mujer era la capitana. Al salir del restorán Truman le pregunta a Whitey en qué dirección salieron pero Whitey le responde que no vio salir a nadie del restorán.[7]

En un informe vinculado a un encuentro cercano con visitantes del espacio en una reserva ecológica cerca de Uitenhage en Cabo Oriental, en Sudáfrica el 2 de octubre de 1978, cuatro jóvenes atestiguan frente a la investigadora de OVNIs, Cynthia Hind, que ellos vieron a hombres "vestidos con ropa plateada" desaparecer frente a sus ojos: "Desaparecieron de pronto" a la vez que notaron que su nave también desapareció".[8]

Pese a que estaba al tanto de los diferentes planos de la materia física, sólida y etérica, George Adamski no quiso hace referencia

Gente del espacio en el etérico en instantáneas de un video tomado en Córdoba, provincia de Argentina en 2006 donde Mónica Coll filmó a algunos de sus compañeros en una caminata por la región de Ongamira, al NE de Buenos Aires Capital, desde una posición apenas elevada a corta distancia. Las figuras de luz humanas, no fueron visibles para los presentes en el momento de la filmación. Las vieron después, cuando al ser reveladas. (Fuente: Pablo Dessy (2009), '¿Seres de luz en Ongamira?')

a esa diferencia porque había riesgo de que su mensaje quedase opacado por místicos que afirmaban estar canalizando "mensajes del espacio". La misión de Adamski era precisamente mostrarle al mundo que los visitantes del espacio eran reales, seres físicos, o bien físicos etéricos. Una vez le dijo al que alguna vez fuese su co-autor, Desmond Leslie: "No son unos malditos fantasmas".[9] En otras ocasiones, según el investigador Timothy Good, respaldaría su argumento preguntando: "¿Para qué podría un fantasma necesitar una nave espacial?"[10] Mucha gente del espacio que viene a la Tierra a ayudarnos son seres muy evolucionados que puede trasladarse a través del pensamiento –como puede concluirse de la descripción que Adamski hiciera de ellos en 1955 en su libro *Dentro de los Platillos Voladores*. Pero de forma de ayudarnos como fuese según Benjamin

Piloto extraterrestre fotografiado en Italia en 1957: "De hecho, vemos a un hombre con anteojos, de boca más bien chica, con un collar de metal que está unido a un traje espacial flexible y luminoso. Vemos unos misteriosos brazaletes (...) y a un enigmático diseño sobre el vientre..."

Fotografía tomada en 1963 del libro L'aviazione di altri pianeti opera tra noi: rapporto agli italiani, 1943-1963 *por Alberto Perego. Como diplomático de carrera, no habría de arriesgarse publicando fotografías de procedencia dudosa. De hecho, el propio Perego participó en el bien conocido Caso Amicizia (ver página 29).*

OVNIS MÁS ALLÁ DE LA ESCENA

Creme ellos precisan la tecnología de sus naves espaciales. De hecho, dice Ben, "muchas de sus grandes naves son naves nodrizas que llevan un laboratorio dentro y cosas así."[11]

Cuando Adamski estuvo en una nave nodriza de Saturno, se le dijo: "Esta nave es un laboratorio científico. Navegamos por el espacio con el único propósito de estudiar los constantes cambios dentro del espacio mismo. (...) Es gracias a la investigación que llevan a cabo naves como ésta que la navegación espacial ha desarrollado el actual grado de seguridad".[12]

Como se le informara al contactado italiano Giorgio Dibitonto cuando escribía acerca de sus experiencias: "El universo contiene regiones ilimitadas más allá de las regiones materiales que conoces. Vuestra ciencia se ocupa tan solo de la dimensión material (...) En el cosmos no existe tan sólo la dimensión material. Las hay ultramateriales que incluyen más que ancho, largo y profundo. Existe una riqueza de vida material mucho mayor. Como consecuencia, todo lo que ustedes denominan detrás, en frente de, arriba, debajo, dentro y fuera se vuelven conceptos en desuso. Cuanto más elevado sea un universo, es mayor la expresión de vida, que alcanza formas nuevas, libres y la consciencia se extiende a perspectivas más abarcadoras."[13]

En su libro *Desde el Espacio Exterior a Vos*, Howard Menger describe el proceso de una nave haciéndose visible para nosotros: "La nave tomó la forma de una luz palpitante, fluorescente, cambiando del color blanco al verde, luego al rojo. A medida que se aproximaba me preparé para tomar más fotos. Se aproximaba lentamente, a la velocidad de un Piper. Cuando estuvo a un pie del suelo y a una distancia de cien del auto, planeó y pude reconocer su conocida forma de campana. Los colores cesaron de pulsar, emitió una extraña luz azulada, y luego se vieron las claraboyas".[14]

La existencia de otros planos a más de los tres que nuestra ciencia reconoce, no es algo nuevo para nuestros estudiosos de la Sabiduría Eterna. Según estas enseñanzas, hay cuatro niveles de materia sutil aparte de la sólida, líquida y gaseosa, conocidas como los planos etéricos de la materia física que consiste en partículas subatómicas en diferentes frecuencias, comparables a las moléculas del hielo, el agua y el vapor vibrando a distintas frecuencias. El Maestro Tibetano, Djwhal Khul dijo que la forma etérica "es la forma verdadera en la que todos los cuerpos físicos de la naturaleza conforman en cada reino" y que "tanto la vida misma, la enseñanza a ser brindada en el futuro, las conclusiones de la ciencia y un nuevo modo de civilización, todo, será enfocado cada vez más en esta única sustancia".[15] Varios científicos innovadores también han hecho descubrimientos que parecieran señalar algún aspecto de los planos etéricos de la materia.

Por ejemplo Semyon Kirlian, cuya tecnología registra campos energéticos en derredor de entidades vivientes. Esta tecnología más adelante evolucionó hacia la fotografía de auras. En su artículo 'El Descubrimiento del Orgón' el austríaco Wilhelm Reich cita al biólogo alemán Kammerer que dijo que "la existencia de una fuerza de vida específica ¡me parece totalmente probable! O sea, una energía que no es calor, ni electricidad, ni cinética (…) tampoco una combinación entre ellas sino una energía que sólo pertenece a esos procesos que llamamos 'vida'. Tampoco significa que pertenezca tan solo a esos cuerpos que llamamos 'seres vivientes'…" A través de experimentos Reich probó que la radiación del orgón, como llamó a esta fuerza de vida primordial, impregna todo.[16]

Formas físicas densas pueden verse como el cianotipo que existe en los niveles etéricos. Esto no es más una noción enteramente esotérica dado que el biólogo Rupert Sheldrake propuso la idea de "campos morfogenéticos" – una suerte de banco de memoria del cual la Naturaleza rescata sus variadas formas físicas sólidas.[17] Esto facilitaría comprender la idea de que la Vida no depende para su expresión, sólo de las formas físicas carbo-hidrogenadas, sino que también puede expresarse en formas físicas etéricas como efectivamente ocurre en los otros planetas de nuestro sistema solar, según las enseñanzas de la

Sabiduría Eterna y los relatos de varios contactados.

El hecho de que el conjunto de los visitantes del espacio estén en materia física etérica descarta la posibilidad de que alguien sea abducido para recoger genes, implantar diseños o cualquier otra atrocidad que un grupo de gente acuse a los visitantes de hacer. De hecho Benjamin Creme dijo: "Nadie sube jamás a una nave espacial en su cuerpo físico. Es imposible. Las naves no son cuerpos físicos sólidos. Para hacerlo hay que dejar el físico denso y subir en el cuerpo etérico a la nave, que son en sí mismas etéricas. Siguen siendo físicos, pero etéricos."[18]

Howard Menger nos brinda una interesante descripción del proceso de ser despojados de nuestro cuerpo físico denso cuando finalmente se le permite embarcar: "Otro, salió afuera y levantó su brazo. En su mano portaba una suerte de instrumento hacia el cual hizo que enfocase mi atención. Repentinamente un rayo azul golpeó mi cabeza y en el momento en que eso ocurría sentí una sensación de cosquilleo, cálida y más bien agradable. Me mantuve firme a medida que él lentamente hacía que el rayo azulado bajase sobre mi cuerpo hasta llegar a mis pies. Después, apagó la luz azul y mi amigo me hizo señas de que caminase delante de él. El otro, que ya había embarcado en la nave me hacía señas para que subiese."[19] Sus anfitriones luego le explicaron: "La luz que te proyectamos fue para acondicionar tu cuerpo y procesarlo rápido de modo que pudieses embarcar. Lo que pasó fue que la luz modificó tu frecuencia vibracional hasta igualar la de la nave."[20]

Los relatos de varios contactados evidencian que sus cuerpos fueron modificados y que alcanzaron un mayor grado de conciencia al entrar en la nave. Giorgio Dibitonto por ejemplo, nos dice: "La luz que había dentro de esta maravillosa nave produjo un efecto en nosotros difícil de explicar. Nos sentíamos más frescos y renovados, y todas nuestras energías espirituales nos llevaban a una indescriptible sensación de paz a la vez que agudamente receptivos as todo lo que se nos decía y mostraba. Nuestros corazones ardían con un amor que raramente se siente en la Tierra."[21]

El contactado norteamericano Orfeo Angelucci también pareciera darnos una impresión de lo que se siente en este estado "sobrenatural": "El interior de la nave era nacarado y etéreo, iridiscente [sic] de exquisitos colores que emanaban luz... Había una silla reclinable justo a la entrada, estaba hecha de alguna sustancia translúcida y reluciente – tan evanescente que parecía irreal... Cuando me senté en ella me sentí maravillado de la textura del material con el que estaba hecha. A su vez me sentí suspendido en el aire, ya que el material se amoldaba a mi cuerpo y a sus movimientos. No bien me recliné, sentí que la paz y el bien estar se intensificaban."[22] Las similitudes de sus descripciones con las de otros contactados son sorprendentes. Por ejemplo Dibitonto cuenta que: "La sala principal estaba iluminada con una luz que parecía provenir de todas partes, y cuya fuente no estaba a la vista... Prevalecía una inusual empatía, todos estábamos inundados por esta luz que no era de la Tierra, y con una energía que era más espiritual que física."[23] Asimismo Howard Menger anotó que: "Las paredes se volvían más brillantes como iluminadas por alguien dentro de ellas mismas."[24]

Por su parte George Adamski describía así el interior de una nave: "Dentro de la nave no había un solo rincón a oscuras y no pude saber jamás de dónde procedía la luz. Daba la impresión de atravesarlo todo con su suave y agradable brillo. No hay manera de describir esa luz con precisión. No era ni blanca ni azul, tampoco era de ningún color al que pueda nombrar."[25] La descripción que hace el científico Michael Wolf nos recuerda mucho la de Adamski, la de Angelucci y la de Dibitonto: "Estábamos de pie en lo que a mí me parecía una habitación que me era familiar, iluminada pero no de modo que molestara a los ojos. La luz no parecía provenir de alguna fuente en particular: estaba en todas partes. La puerta que cerraba la nave no parecía tener junturas, o alguna conexión de estructura, o unión, ni picaporte."[26]

En tanto, la corriente oficial de la ciencia está todavía luchando con esta ampliada visión de la realidad pese a que el astrónomo suizo Fritz Zwicky ya propuso la 'materia oscura' como una hipótesis de trabajo para el 96% del universo conocido del cual la ciencia no puede dar cuenta, pero que los cálculos científicos de la masa del universo predice, ya en la década del '30.

En marzo del 2015 las ideas 'avant garde' propuestas por Kirlian, Reich y Sheldrake, señalando todas en la misma dirección brindando (parciales) explicaciones para la 'materia oscura' o bien 'energía oscura' al tiempo que, sigilosamente, la ciencia tradicional hallaba corroboración al publicar hallazgos tales como los informados en el diario británico *The Independent* en el sentido de que la materia oscura no es otra cosa que otro modo de las subpartículas atómicas. Estas sugieren que "la materia oscura es otra clase de partícula subatómica, formando tal vez un universo paralelo de 'supersimetría' relleno de materia supersimétrica que se comporta como un espejo invisible de materia ordinaria."[27] Esto a su vez recuerda aquello que le fuese dicho a Howard Menger: "Nada de lo que vemos con nuestros ojos físicos es Verdad, sino tan solo una realidad en la dimensión del reflejo, o del efecto secundario en la naturaleza, vinculada a una Causa de una fuente Primaria."[28]

Refiriéndose a recientes descubrimientos de huellas de microorganismos de hace 3.7 mil millones de años atrás, la Dra. Abigail Allwood del Laboratorio de la NASA, también en *The Independent* respaldó la idea de que la 'vida' no es tan única como se pensó: "Hace 3.7 mil millones de años atrás la superficie de la Tierra era un lugar alborotado y bombardeado por asteroides; estaba todavía en sus etapas de formación. Si la vida allí pudo encontrar un punto de apoyo y dejar tal impronta que los vestigios perduran aun hoy, cuando tan sólo sean astillas de una roca metamórfica, entonces la vida no es tan melindrosa. Dénle la mitad de una oportunidad y se las va a arreglar. (...) A la vista de todo esto, resulta más viable pensar que en el pasado haya habido vida en Marte."[29] Con semejante reconocimiento por la abundancia de vida y la visión ampliada que aquí se ofrece con semejantes testimonios, cuando leemos las afirmaciones científicas de que no hay vida en los demás planetas de nuestro sistema solar, haríamos bien en agregar: "...en los planos de materia física densa".

Este ensayo es una ampliación de un artículo publicado antes en revista **Share Internacional**, *Vol.35, No.3, abril de 2016, con adaptaciones aparecidas en* **UFOlogist Magazine** *(Australia),* **UFO Truth Magazine** *(Gran Bretaña) y* **Paranormal Underground Magazine** *(EE UU).*

Redondeando

Los hechos

- Las naves están capacitadas para hacerse ver a voluntad, lo mismo que a cambiar de apariencia, pueden parecer trasnlúcidas, o como bolas de luz de varios colores.
- La ciencia tradicional no puede dar cuenta del 96% del Universo conocido, basándose en cálculos astrofísicos sobre su masa, la que ha denominado 'materia oscura' o bien 'energía oscura'.
- La sabiduría esotérica ha planteado la existencia de planos etéricos (o sutiles) de materia además de la densa, líquida y gaseosa. La frecuenciavibratoria de las partículas subatómicas de estos planos es mucho mayor.

Los implicaciones:

- Existen estados de la materia que la ciencia establecida desconoce.
- Las naves espaciales pueden 'desmaterializarse' a voluntad y así desaparecer de nuestra vista.
- Los primeros contactados refieren experiencias de 'desmaterialización', o sea experiencias en su contraparte etérica de sus cuerpos físicos.
- Otros planetas de nuestro sistema solar están habitados aun cuando la vida allí no se da en los planos densos de la existencia, o bien ya no lo hace.

Validaciones:

- Científicos avanzados de diferentes ámbitos, han proporcionado evidencia sobre la alta probabilidad de que existan planos etéricos de materia.
- Los últimos avances de la ciencia hegemónica respecto de la naturaleza de la 'materia oscura' y la proliferación de la 'vida' parecen precisamente indicar la existencia de estos planos sutiles.
- Desde que fuesen informados los primeros contactos, los contactados de todo el mundo han afirmado la existencia de la vida en otros planetas de nuestro sistema solar, pese a la incesante difamación y la campaña de desinformación montada desde 1950. Ello hades alentado a muchos contactados de informar sobre la identificación del origen de sus contactos.

Notas

1 Benjamin Creme (2002), *El Gran Acercamiento*, edición inglés (2001), p.129
2 Howard Menger (1959), *From Outer Space to You*, p.162
3 George Adamski (1965), *Answers to Questions Most Frequently Asked About the Space Visitors and Life on Other Planets*, p.16
4 Adamski (1984), *Dentro de los Platillos Voladores*, edición inglés (1955), p.156
5 Creme (2010), *La Agrupación de las Fuerzas de la Luz: Ovnis y Su Misión Espiritual*, edición inglés, p.67
6 Enrique Barrios (1986), *Ami, el Niño de las Estrellas*, edición inglés (1989), p.42
7 Truman Bethurum (1954), *Aboard a Flying Saucer*, pp.91-94
8 Cynthia Hind (1982), *UFOs – African Encounters*, pp.138-143
9 Desmond Leslie y George Adamski (1970), *Atterizaje de Platillos Voladores*, edición inglés revisada y ampliada, p.250
10 Timothy Good (1998), *Alien Base – Earth's Encounters with Extraterrestrials*, p.152
11 Creme (2002), op cit, p.133
12 Adamski (1984), op cit, p.135-36
13 Giorgio Dibitonto (1990), *Angels in Starships*, p.42
14 Menger (1959), op cit, p.74
15 Alice A. Bailey (1960), *Telepatía y el vehículo etérico*, edición inglés (1950), p.139
16 Wilhelm Reich (2012), *Obras escogidas*, edición inglés (1960), p.195
17 Rupert Sheldrake (2007), *Una nueva ciencia de la vida – La hipotesis de la causacion formative*
18 Creme (2010), op cit, p.49
19 Menger (1959), op cit, p.83
20 Ibid, p.84
21 Dibitonto (1990), op cit., p.82
22 Orfeo Angelucci (1955), *The Secret of the Saucers*, pp.20-21
23 Dibitonto (1990), op cit, p.67
24 Menger (1959), op cit, p.83
25 Adamski (1984), op cit, p.50
26 Michael Wolf (1996), *The Catchers of Heaven*, p.199
27 Steve Connor (2015), 'The galaxy collisions that shed light on unseen parallel Universe'. *The Independent* (online), el 26 de marzo. [Consulta: 27 de marzo de 2015]
28 Menger (1959), op cit, p.173
29 Ian Johnston (2016), 'World's oldest fossils found in discovery with "staggering" implications for the search for extraterrestrial life'. *The Independent* (online), el 31 de agosto. [Consulta: 2 de septiembre de 2016]

3. Develando la misión de la gente del espacio

Como veíamos en el capítulo anterior, ya que no nos sirve la ciencia convencional para corroborar la existencia de la visita de extraterrestres, sí podemos aprovechar de sus hallazgos en relación a los contactados que son escrutados como se describe en el capítulo 1.

La revista de ciencias suiza, *Life*, informó recientemente que dadas ciertas condiciones de hábitat, y si se le da el tiempo necesario, la vida va a evolucionar en sus formas complejas en cualquier sitio.[1] Esta afirmación sostiene la noción de la predictibilidad en relación a lo que va a ocurrir. O sea, dicho en forma sencilla, esto significa que la evolución de la vida ha de dar siempre determinadas formas, no importa dónde ocurra.[2] Por otro lado, esto va desde el razonamiento científico a la fe religiosa. El Papa Juan XXIII parecía sostener esta idea cuando dijo tras un encuentro con una nave espacial en el jardín de su palacio de verano en julio de 1961: "Los hijos de Dios están por todas partes. A veces tenemos dificultad en reconocer a nuestros propios hermanos."[3] A la luz de estas afirmaciones, las exigencias de los contactados en el sentido de haberlo sido allá por los años cincuenta, obtiene un nuevo significado.

La aprobación papal fue por lo demás, reforzada por afirmaciones en el mismo sentido por parte de otros dignatarios y funcionarios, tales como el presidente actual de FIDE, y presidente anterior de Kalmykia, Kirsan Ilyumzhinov; el cónsul italiano Alberto Perego; el profesor búlgaro Lachezar Filipov; el profesor universitario Bruno Sammaciccia; y el periodista italiano de ciencias y aviación Bruno Ghibaudi cuyas experiencias personales directas confirman que la forma humana es universal (ver página 30).

El profesor asociado de filosofía antropológica en la Universidad

Erasmus de Rotterdam (los Países Bajos) Ger Groot recientemente escribió un artículo titulado '¿Sería verdaderamente tan extraño hablar de 'los hermanos extraterrestres'?' Pareciendo reflejar el actual estado de elucubraciones en relación a las investigaciones sobre los OVNIs, dijo: "¿Quién sabe? En el futuro la humanidad tal vez podrá mirar atrás y no comprender nuestro encuentro con la vida del espacio. Como lo hiciésemos en el siglo 16 al chocar con otras culturas, exactamente así, no habremos de reconocer el destino que compartimos con ellos. Al principio habremos de pasar por alto totalmente a estos 'hermanos'."[4]

Siendo de los primeros en hacer pública su experiencia, la que fue compartida por otras seis personas, George Adamski en 1958 hizo una descripción largamente compatible con las de Groot: "Los visitantes han pasado desapercibidos en la Tierra, adecuándose a nuestras costumbres ya que saben perfectamente que para muchos es difícil admitir la presencia de seres humanos tan avanzados. Comprenden el ridículo al que se exponen los que los contactan cara a cara..."[5] Wilbert Smith, el ingeniero canadiense contactado dijo: "En muchas ocasiones personas confiables han informado haber visto a los seres que manejan estas naves y que son iguales a nosotros. Hay un buen número de informes de contactados de distintas partes del mundo (...) y los resultados de estos contactos son notoriamente consistentes y esclarecedores."[6]

Uno de los visitantes que contactó Adamski le dijo: "Vivimos y trabajamos aquí, como sabes, porque en la Tierra es necesario ganar dinero con el cual comprarse ropa, alimento y todas esas cosas que la gente tiene que tener. Hace años que vivimos aquí."[7]

Con el propósito de mantener un perfil bajo, muchas veces sí piden ayuda a sus contactados. Howard Menger cuenta: "Varias veces los ayudé con pequeñas cosas materiales... En ocasiones les compraba ropa y se las alcanzaba a los puntos de contacto. Los visitantes recién llegados debían presentarse con ropa adecuada para pasar inadvertidos entre la gente."[8] Relatos casi idénticos se publicaron en el Caso Amicizia (Amistad), un caso de contacto italiano, por parte de más cientos de italianos contactados desde 1956.[9]

A otro contactado, norteamericano en este caso, Buck Nelson, le dijeron que había muchos del espacio viviendo entre nosotros: "Aquéllos a los que le hablé, hablaban muy buen inglés. Es como si aprendiesen la lengua de la gente que van a contactar. Me dijeron que había muchos entre nosotros. Incluso llegaron a trasladar en sus naves a gente del gobierno, pero ellos no cuentan su experiencia porque suponen que tienen mucho para perder, si lo hacen. Yo no tengo familiares que puedan sufrir por el hecho de haber sido contactado."[10] En completa violación de la libertad de pensamiento a la que los visitantes adhieren tan estrictamente, y haciendo eco de las experiencias de George Adamski, Bruno Ghibaudi y muchos otros, Nelson contó: "No voy a decir que me amenazaron, pero sí me ofrecieron un cheque por mil dólares si no repetía mi historia."

El escritor chileno Enrique Barrios, que alrededor de 1985 contó su experiencia en la novela *Ami, El Niño de las Estrellas*, mencionó que hablar con individuos no interfiere en nuestro desarrollo. Pero que "mostrarnos abiertamente, hacer declaraciones masivas, sí".[11] Por otro lado, si aterrizásemos en masa, mucha gente moriría del shock. ¿Recuerdan todas las películas que se rodaron sobre las invasiones? No somos inhumanos, no queremos provocar semejante cosa."[12]

Como lo dejé documentado en mis libros, la gente del espacio actúa desde la avanzada perspectiva ética de cada planeta, de cada nación, como también de cada individuo en el sentido que todos tienen el derecho inalienable de definir su propio destino. También señalé que muchos de los visitantes están aquí desde 1950 para asistir a los seres humanos en lo que parece ser un punto bisagra de su propia evolución. Según el cónsul italiano Alberto Perego "Tenemos que agradecerles por el dragado permanente de nuestra atmósfera. Sin ellos, la contaminación por los residuos atómicos provocados por las permanentes explosiones, sería irreparable. También debemos estarles agradecidos por haber evitado una

Corroboración a través de disciplinas y estratos sociales

EJEMPLO 2: LA FORMA HUMANA ES UNIVERSAL

"Los hijos de Dios están por doquier. A veces tenemos dificultad en reconocer a nuestros propios hermanos." –Papa Juan XXIII

"Son gente como nosotros. Tienen la misma mente, la misma visión. Hablé con ellos, y comprendo que no estamos solos en el universo. No somos únicos." –Presidente de FIDE y anterior Presidente de Kalmykia Kirsan Ilyumzhinov

...La forma humana es "universal en todo el Cosmos, como parte de una armonía general – y sin embargo la idea de esto ha sido generalmente rechazada por los occidentales como imposible. Sin duda, casi siempre la verdad es demasiado simple para ser aceptada." –Periodista italiano de ciencia y aviación Bruno Ghibaudi

"El modelo humano es universal – cabeza, tronco y extremidades – pero hay pequeñas variaciones en cada mundo respect de la altura, el color, la forma de las oreja... pequeñas diferencias." –Autor chileno de Ami, el Niño de las Estrellas (basado en una experiencia que tuviese en 19985)

"El ser humano es universal. Se pueden encontrar pequeñas diferencias entre una raza y la otra, también entre nosotros hay gente muy alta (...) y otra muy bajita; puede haber diferencias en el color de la piel. Hay algunos cuya piel es casi transparente, pero casi todas las civilizaciones están hechas de hombres..." –Los visitantes del espacio manifestaron a través del contactado italiano Bruno Sammaciccia

"Los viajeros del espacio son idénticos a nosotros. Sólo que tienen una comprensión más profunda del Cosmos que habitamos todos." –George Adamski, contactado y autor

"La raza humana en la forma del HOMBRE se extiende por todo el Universo, y es increíblemente antigua..." –Ingeniero canadadiense contactado Wilbert Smith

"Son hombres, y seguramente mejores que nosotros por la tolerancia y la paciencia que demostraron ante nuestra locura atómica." –Alberto Perego, Cónsul italiano

"Ellos son sin duda alguna, seres humanos, En comparación a nosotros que somos menos que humanos. Ellos son mucho más humanos que nosotros..." –Participante anónimo del Caso Amicizia (a través de Nikola Duper)

guerra nuclear hasta la fecha" (1963).[13]

Obviamente ellos **no** están aquí para mostrarnos un fenómeno 'paranormal' o como nos asegura Adamski "para satisfacer nuestra curiosidad personal. Por el momento, lo mejor que podemos hacer es empezar a tratarnos con más respeto. En la medida que este modo de relacionarse con el otro se propague, el miedo y la hostilidad habrán de disminuir. Ello brindará un terreno fértil para trabajar en el mejoramiento de todos."[14]

En otras palabras: mientras la ciencia confirma que el sentido de la evolución es igual en todas partes, los visitantes del espacio se muestran ansiosos por informarnos que la evolución de la conciencia debiera manifestarse no sólo en nuestro progreso tecnológico, sino también en nuestro desarrollo ético. El primer paso en esa dirección es la de incluir en nuestra conciencia a todos, de manera de erradicar las causas de la crisis presente fomentadas por nuestras estructuras sociales como con la competencia y el sentido de separatividad. No por nada el contacto de Daniel Fry le dijo a él que "los deseos y las necesidades, las esperanzas y los temores de toda la gente de vuestra tierra es idéntica. Cuando este hecho llegue a ser parte de la comprensión de todos, recién entonces habrán llegado a tener una base sólida para la formación de 'Un Mundo'. Ese 'Un Mundo' respecto del cual los políticos hablan tan livianamente y los dirigentes espirituales con tanta tristeza."[15] En forma parecida los contactos de Adamski le dijeron: "Si el hombre quiere vivir sin catástrofes, tendrá que mirarse con el otro como en un espejo."[16]

El periodista científico John Horgan, autor de *El Fin de la Ciencia: Los Límites del Conocimiento en el Declive de la Era Científica* escribió a la entrada de un blog: "¿Y si la ciencia estimula el poder de nuestras mentes sin darnos a su vez una mejor comprensión? ¿No deberíamos preocuparnos por ello?"[17] Para la gente del espació sí es un tema de preocupación y es por eso que nos imploran: "Precisamente ahora que vuestro avance científico ha aventajado tanto vuestro progreso social y humano, la brecha debe ser llenada con suma urgencia."[18]

Son muchos los contactos del espacio que indicaron que nuestro desarrollo moral es una expresión necesaria de la evolución de la conciencia, la que a su vez es facilitada por la evolución de las formas físicas tal como lo documentase Darwin tan meticulosamente. También las religiones más importantes hacen referencia a la evolución de la conciencia. Peter Senge escribió un conciso resumen en el libro: *Presencia – el Propósito Humano y el Campo del Futuro*. En la tradición del esoterismo cristiano, la evolución de la conciencia es asociada con 'gracia' y 'revelación'. El taoísmo habla de la transformación de la energía vital (qing) en energía espiritual (shi). Los budistas buscan la 'cesación del pensamiento' o bien la 'iluminación'. En el hinduismo hablan de la 'totalidad' y en el islam místico se lo conoce como 'apertura del corazón'.[19]

La noción de la evolución de la conciencia es el eje central de todas las religiones mayores como también –como no podía ser de otra manera– de la Sabiduría Eterna. Allí se afirma que del reino humano surgió un nuevo reino en la Naturaleza que es el reino de los Maestros y de los Iniciados en la Sabiduría Eterna: de su seno un Maestro es enviado al comienzo de cada nueva era o ciclo cósmico.

El Maestro de Sabiduría con el cual Benjamin Creme, el esoterista británico, ha estado en contacto y con el cual ha estado trabajando desde 1959 señaló la limitada comprensión religiosa y científica de la evolución en un artículo de 2008: "[L]os evolucionistas y los creacionistas están realmente debatiendo cosas distintas; ambos, en su forma limitada, están en lo cierto. (...) El creacionista se esfuerza en enfatizar que el 'Hombre' fue creado por Dios, en 'la propia imagen de Dios', y así no debe nada a la evolución. Para él, Darwin y aquellos que le siguen se equivocan sobre el Hombre: que es un ser espiritual, de herencia divina... Desde Nuestro punto de entendimiento los científicos de hoy, los evolucionistas, están indudablemente acertados en sus análisis del desarrollo del Hombre desde el reino animal. (...) Eso, no obstante, no nos convierte en animales. Darwin, y aquellos que correctamente siguieron su pensamiento, describe sólo el desarrollo externo, físico del Hombre, ignorando en gran medida que todos nosotros estamos dedicados al desarrollo de la conciencia. El cuerpo humano casi ha alcanzado su consumación: queda poco más que alcanzar. Desde el punto de vista de la conciencia, sin embargo, el hombre apenas ha realizado los primeros pasos hacia un florecimiento que probará que el hombre es realmente divino, un Alma en encarnación."[20]

Aun cuando el rol de los contactados fue simplemente propalar la noción de que la humanidad es una especie que puebla el universo entero, muchos han sembrado sospechas en relación a su presencia en estos momentos de la historia.

Como se le dijera a Enrique Barrios en 1985: "Están alcanzando un punto de crisis en vuestro desarrollo. Un punto de inflexión en el cual o bien se unen para gestar lo que algunos llaman la 'Era de Acuario', o se autodestruyen."[21] Durante los días en que fuse contactado en el año 1980, el italiano Giorgio Dibitonto recibió un mensaje similar: "La gente de la Tierra deberá prepararse para una nueva jornada. Una que no tiene paralelo en vuestra historia. (…) En el tiempos del Éxodo nubes y piras de fuego se vieron sobrevolar sobre los líderes de los hebreos; hoy lo que ustedes llaman 'platos voladores' y 'naves nodrizas', predicen hoy una jornada final y luminosa que los alejará de vuestra actual miseria conduciéndolos a la tierra prometida del amor universal. (…) Nosotros habremos de acompañarlos, tal como lo hiciésemos en esos días, y nuestra presencia habrá de ser mucho más sentida que entonces (…) Los vamos a ayudar en todos los modos posibles. Seremos nubes durante el día, y fuego durante la noche."[22]

En una conferencia que diera en Detroit, Michigan en septiembre de 1955, George Adamski dijo: "En nuestra Biblia se afirma que en los últimos días (o sea, ahora) cuando estas cosas estén ocurriendo como … 'señales en los cielos, guerras y rumores de guerras' … estaremos al fin de una era o como algunos la denominan, en una 'dispensación'."[23] Más aún: "No es sólo nuestra tierra sino todo el sistema el que estará embarcado en un cambio. Este cambio es un ciclo que termina y otro que empieza."[24] A la luz de estas afirmaciones, parece que el que en otros lados insistiese en que no hay nada en relación a una 'Era de Acuario' no fue más que para cubrir su misión preservándola de ser oscurecida por ideas místicas. Ello debido a que la Ufología actualmente debe preservarse de las elucubraciones que empañan su información.

Muchas veces George Adamski dio testimonio sobre los puntos en común de diferentes religiones (ver página 10), en relación a la reaparición cíclica de un Maestro. Y volvió a hacerlo respondiendo a preguntas que le hiciera un ministro desde la platea en ocasión de su conferencia en Detroit: "Ha habido muchos mesías..."[25] En letra de la Sabiduría Eterna, en la que Adamski está tan versado como un adolescente[26], esta aparición cíclica es conocida como la Doctrina del Que Viene, y se repite también en casi todas las religiones: Los cristianos esperan la Segunda Llegada; los judíos siguen esperando al Mesías; los budistas esperan al quinto Buda; los hindúes la

"Seremos pilares de nube durante el día..." (Foto de las nubes OVNI sobre la península de Kamchatka, por Vladimir Voychuk el 14 de agosto de 2015. Fuente: weather.com)

décima encarnación de Vishnu o al Kalki Avatar y segmentos del Islam esperan el regreso del duodécimo Mahdi o Imam Mahdi.

Para el esoterista británico Benjamin Creme quien diera charlas sobre la misión espiritual de los Hermanos del Espacio en la década de 1950, esto no es una excepción. Él estuvo informando al mundo que en julio de 1977 el Instructor del Mundo había llegado a Londres, como símbolo del centro del mundo moderno, y que desde entonces ha estado preparando a la humanidad y al mundo para su manifestación tan pronto como le fuese posible.[27]

Por cuenta y cargo de las especulaciones en el terreno de la ufología, muchos habrán de aceptar de mejor grado que unos cuantos miembros de un grupo separatista pegue un salto de vuelta a sus 'bases secretas' en Marte que la idea de que nos vengan a visitar gente del espacio para compartir con nosotros el inicio de una nueva era. Sin embargo en el contexto de este capítulo la afirmación que Benjamin Creme hiciese en su primer libro (1979) bien puede entenderse como una corroboración de las Enseñanzas Eternas:

"...y de fuego durante la noche." (Foto del OVNI visto en un área amplia en la región de Xinjiang en el oeste de China el 11 de enero de 2010. Fuente: www.iyaxin.com)

"...Eso que llamamos OVNIs (los vehículos empleados por la gente del espacio de los planetas avanzados) tiene un propósito definido y un claro papel que jugar en la construcción de la plataforma espiritual del Instructor del Mundo, la preparación de la humanidad para esta era."[28]

Esto aclara lo que Wilbert Smith escuchase de sus contactos, testimonio publicado por primera vez en 1958 en un artículo que denominó 'La Filosofía de los Platos Voladores': "A su tiempo, cuando ciertos eventos hayan ocurrido y nosotros (los terráqueos) estemos tan orientados que podamos aceptar que venga gente de otros mundos, ellos se aproximarán a nosotros en confianza y comprensión recíproca. Entonces podremos aprender de ellos y forjar la Edad de Oro para todos los seres humanos de todas partes. Esa Edad de Oro que todos deseamos profundamente en nuestros corazones."[29]

Aquellos lectores que sientan así, confirmarán sus sospechas en relación a que la información vinculada a los primeros contactos fue de orden mesiánico o neo religioso. Mensajes que prometen salvación de modo que la gente no sienta el impulso de pensar o actuar por sí misma, y tal vez quieran volver a pensar por sí de nuevo.

Es que tanto los libros como los panfletos de aquellos pioneros coinciden en que los visitantes del espacio sólo habrán de ayudarnos si elegimos salvarnos nosotros mismos. Uno tras otro exhorta a la humanidad a asumir la responsabilidad por lo actuado, y corregir lo que está mal en nuestro mundo (y según Benjamin Creme lo mismo aplica para el Instructor del Mundo). Como George Adamski dijera: "Estamos hoy nuevamente en una encrucijada trascendental. Los viajeros del espacio hacen todo lo que pueden por advertirnos y ayudarnos, pero la decisión final está nuestras propias manos."[30]

Otros, que se rompen las cabezas alrededor de un 'nuevo paradigma' que nos habría de salvar, habrán de encontrarse con que al final de todo análisis una nueva dispensación no precisa otra cosa sino que la humanidad finalmente comience a darle expresión a su unidad innata creando una justicia y una libertad universales a través de la aceptación del principio del compartir como base de nuestros asuntos económicos.

Con Carl Sagan y otros delante suyo afirmando que todos nacimos del mismo polvo de estrella[31] y dadas todas las otras cosas, la ciencia ha debido aceptar que la naturaleza de la vida así como se expresa a través de la evolución, combinada con los relatos de los primeros contactados, las correspondencias entre las religiones principales y la tradición de la Sabiduría compartida, podríamos bien preguntarnos ¿qué parte de la vida (extraterrestre) podríamos llamar con justicia 'alienígena'? Ya que, ¿a qué le serían ajenos?

En realidad, cuando se trata de nuestra aniquilación pareciéramos manejarnos demasiado bien, sin ayuda de afuera. Por esta razón, sería más apropiado reservar el término 'alien' (extranjero) para definir actitudes y comportamientos que socavan los valores universales. Libre de necesidades y temores, el corazón humano exhibe en la Tierra y en todas partes: respeto, tolerancia, libertad y justicia para la gente y el planeta, tan necesarias como expresión de nuestro próximo escalón en la evolución de la conciencia.

La base de este ensayo se publicó originalmente como contribución del panelista en la revista online JAR, el 25 de agosto de 2016.

Redondeando

Los hechos

- Varias personas de alto perfil dan testimonio de la veracidad de la visita de gente del espacio a la Tierra y confirman las experiencias de los primeros contactos en la era moderna.
- Gradualmente la ciencia va confirmando la probabilidad de la existencia de vida alrededor del universo de acuerdo con desarrollos evolutivos previsibles.
- Todas las religiones más importantes comparten la idea de la expansión de la conciencia, facilitada o inspirada por la revelación cíclica del regreso de un Maestro.
- Los primeros contactados fueron informados de la necesidad de que el progreso moral de la humanidad acompañe al progreso tecnológico para evitar la autodestrucción.

Los implicaciones

• Si la humanidad es una, como fuera testimoniado por los visitantes del espacio a través de sus contactados, por la esencia de las religiones mundiales y por las conclusiones y propósitos científicos, la existencia de la desigualdad socio económica que divide al mundo hoy bien puede ser vista como la manifestación de una crisis de conciencia que señala la ausencia de correctas relaciones humanas.

Validaciones

• La Sabiduría Eterna sugiere la idea de un reino en la naturaleza que ha evolucionado a partir del reino humano. Consiste en hombres y mujeres que han evolucionado más allá del nivel estrictamente humano: los Maestros de Sabiduría.

• Benjamin Creme, el último exponente de la enseñanza de la Sabiduría Eterna, nos ha estado informando que el Instructor de la Nueva Era está presto a darse a conocer él mismo al mundo para inspirar la creación de una nueva civiliación basada en la justicia socio económica y en la libertad de todos.

Notas

1 William Bains and Dirk Schulze-Makuch (2016), 'The (Near) Inevitability of the Evolution of Complex, Macroscopic Life'. Revista *Life* [online], Vol.6, Issue 3 (el 30 de junio). [Consulta: 12 de agosto de 2016]

2 Matthew Wills (2016), 'What do aliens look like? The clue is in evolution'. *The Conversation* (online), el 19 de agosto. [Consulta: 2 de septiembre de 2016]

3 'Juan XXIII, el papa que habló con un extraterrestre'. *Diario Popular* [online], el 27 de abril de 2014. [Consulta: 12 de agosto 2016]

4 Ger Groot (2015), 'Is het zo gek om te spreken van een "buitenaardse broeder"?'. *Trouw* [online], el 16 de agosto. [Consulta: 17 de agosto de 2015]

5 George Adamski (1957-58), *Cosmic Science for the Promotion of Cosmic Principles and Truth* – Series No. 1, Part No. 3, Pregunta #57

6 Wilbert Smith (1969), *The Boys from Topside*, p.21

7 Adamski (1984), *Dentro de los Platillos Voladores*, edición inglés (1955), pp. 38-39

8 Howard Menger (1959), *From Outer Space to You*, p.71

9 Para una historia y una visión general del Caso Amicizia, ver Gerard Aartsen (2011), *Aquí para Ayudar: OVNIs y los Hermanos del Espacio*, Capítulo 4.

10 Buck Nelson (1956), *My Trip to Mars, the Moon, and Venus*, p.13

11 Enrique Barrios (1986), *Ami, el Niño de las Estrellas*, edición inglés (1989), p.32

12 Ibidem, p.26

13 Alberto Perego (1963), *L'aviazione di altri pianeti opera tra noi : rapporto agli italiani*. 1943-1963, p.534

14 Adamski (1957-58), op cit, Part No.2, Pregunta #25

15 Daniel Fry (1954), *[A Report By Alan] To Men of Earth*, en Fry (1966), *The White Sands Incident*, p.91

16 Adamski (1955), op cit, p.239

17 John Horgan (2016), 'The Mind-Body Problem, Scientific Regress and "Woo" '.

Scientific American Cross Check [online], el 11 de julio. [Consulta: 7 de septiembre de 2016]

18 Adamski (1955), op cit, p.137
19 Peter Senge et al (2004), Presence – Human Purpose and the Field of the Future, p.14
20 El Maestro de Benjamin Creme (2008), 'Evolución versus creacionismo'. Revista Share Internacional, edición inglés, Vol.27, No.10, diciembre, p.3
21 Barrios (1989), op cit, pp.99-100
22 Giorgio Dibitonto (1990), Angels in Starships, pp.32-33
23 Adamski (1956), World of Tomorrow, p.1
24 Ibid., p.4
25 Ibid., p.13
26 Gerard Aartsen (2010), George Adamski – A Herald for the Space Brothers, pp.22-23
27 Creme, revista Share Internacional, edición inglés, Vol.34, No.1, p.16-17
28 Creme (1994), La Reaparición del Cristo y los Maestros de Sabiduría, edición inglés (1979), p.206
29 Wilbert Smith (1958), 'The Philosophy of the Saucers'. Flying Saucer Review, Vol.4, No.3, maio-junio, p.11
30 Adamski (1957-58), op cit, Part No.3, Pregunta #49
31 Garson O'Tool (2013), 'We Are Made of Star-Stuff'. Quote Investigator [online], el 22 de junio.

La presencia extraterrestre y la evolución de la conciencia – la conexión en seis etapas

1. La Vida no es el resultado de un 'accidente' químico en circunstancias favorables que se diera en algunas partes del Universo. Es la Causa subyacente de la expresión de la evolución de la conciencia eterna, y cíclica como se manifiesta en el Universo.

2. Del mismo modo, la conciencia no es el producto de una reacción química dentro del cerebro humano, sino el 'vehículo' a través del cual la Vida se expresa y se experimenta a sí misma en cada nivel – sea una galaxia, un sistema solar, un planeta, un ser humano o un átomo.

3. Todos aquellos que a través de la evolución de la conciencia han adquirido un mayor grado de sensibilidad y conocimiento – es decir, los grandes Maestros de la historia de la humanidad, los Avatares del Este, así como los visitantes del espacio – sostienen la misma visión universal de Vida interconectada y desarrollo de la conciencia.

4. Nos enseñan también que siendo universal, la Vida es Una y está sólidamente interconectada en todo el Universo. Por lo tanto la vida del planeta Tierra es Una. No considerar este hecho siempre tiene consecuencias nefastas para la humanidad, al punto de la auto destrucción.

5. Pese a los esfuerzos de la elite global por impedir el esclarecimiento de la humanidad ya que la conciencia de estos hechos minaría su poder político y económico, y haría peligrar su poder financiero basado en sistemas de codicia y competición, vemos que cada vez más los miembros de la raza humana responden a la idea de que la Vida es Una y que la humanidad es Una.

6. Los relatos de los primeros contactados de la era moderna abundan en advertencias sobre cómo dar expresión a la idea de la Unicidad de la familia humana y aconsejándonos en relación a la necesidad de desarrollar una sociedad basada en la justicia y la libertad que asegure la supervivencia de la raza humana y el desarrollo seguro de su civilización.

La Vida es Una, el mundo es Uno, la humanidad es Una.

LECTURA RECOMENDADA

Más allá de la especulación y el sensacionalismo, el autor reúne un significativo cuerpo de información que brinda alternativas, modos más sanos de organizar la sociedad que los visitantes del espacio nos vienen mostrando desde 1950.

BGA Publications, edición español 2018, ISBN: 978-90-815495-8-5
Libro de bolsillo, 200 (xii + 187) pagínas;
incl. fotografías en color.

LECTURA RECOMENDADA

Aquí para Ayudar: OVNIs y los Hermanos del Espacio (en curso)
Basado en una extensa investigación, este libro replantea el debate
sobre las intenciones de los visitantes del espacio en vista de los
cambios sin precedentes que envuelven al mundo actual.
BGA Publications, segunda edición en inglés 2012.
Libro de bolsillo, 200 (xii + 187) pagínas; incl. fotografías en color y
índice. ISBN: 978-90-815495-3-0

LECTURA RECOMENDADA

GEORGE ADAMSKI

A HERALD FOR
THE SPACE BROTHERS

GERARD AARTSEN

Por primera vez, este libro revela el verdadero
alcance de la misión de George Adamski en preparación
para una reestructuración completa de nuestro mundo.

BGA Publications, segunda edición en inglés 2011.
Libro de bolsillo, 158 (xii + 145) pagínas; incl. fotografías y índice.
ISBN: 978-90-8154-952-3

LECTURA RECOMENDADA

Libros de otros autores:

George Adamski, *Dentro de los Platillos Voladores*

Enrique Barrios, *Ami – El Niño de las Estrellas*

Benjamin Creme, *Las Enseñanzas de la Sabiduría Eterna – Una introducción al legado espiritual de la humanidad*

Benjamin Creme, *La Agrupación de las Fuerzas de la Luz: OVNIs y Su Misión Espiritual*

Stefan Denaerde, *Operation Survival Earth*

Desmond Leslie and George Adamski, *Atterizaje de Platillos Voladores*

Wilbert B. Smith, *The Boys from Topside*